LES
COMITÉS CATHOLIQUES

ET LA

DÉFENSE RELIGIEUSE ET SOCIALE

DISCOURS PRONONCÉ

Par M. CHESNELONG

Le mardi 3 avril, à l'ouverture de l'Assemblée générale
des Catholiques, tenue à Paris.

LES
COMITÉS CATHOLIQUES

ET LA

DÉFENSE RELIGIEUSE ET SOCIALE

DISCOURS

Prononcé par M. Chesnelong, *le mardi 3 avril, à l'ouverture de l'Assemblée générale des Catholiques, tenue à Paris.*

———◦◦◦◦◦———

Eminence,

La grande œuvre du Vœu national proclame, en même temps que la profondeur de votre foi et les saintes aspirations de votre piété, votre noble sollicitude pour la France et vos vœux patriotiques pour son relèvement. La fondation de l'Université catholique de Paris, qui sera l'une des grandes gloires de votre épiscopat, atteste votre amour pour cette jeunesse généreuse et chrétienne qui est le meilleur espoir de la religion et de la patrie. (Vive adhésion.) Hier encore, vous écriviez pour la défense de l'Eglise des lettres plus qu'éloquentes, où on ne sait ce qu'il faut le plus admirer de la sûreté de la doctrine, du courage de la revendication, de la ferme autorité de l'accent ou de sa persuasive mansuétude. Chaque jour enfin vous montre à l'Eglise de Paris ce que valent, pour commander tous les respects et subjuguer tous les cœurs, la grâce dans l'austérité, la simplicité dans l'élévation, la bonté aimable dans une charité qui se répand sans cesse et ne s'épuise jamais. Dans cette assemblée, notre gratitude s'accroît encore du bienveillant patronage que vous daignez nous accorder et qui est notre vraie force et notre plus précieux encouragement. Impuissants à vous rendre le bien que vous nous faites, nous demandons à Dieu, Eminence, de vouloir bien acquitter notre dette en vous comblant de bénédictions qui égalent notre reconnaissance. (Applaudissements.)

Mesdames,

Messieurs,

Je viens vous parler des comités catholiques. C'eût été en tout cas mon intention; la crise que cette œuvre traverse n'a pu que m'y affermir. Non pas que je veuille vous entretenir de cette crise elle-même; le lieu et le moment me sembleraient mal choisis pour une discussion complète, et la critique par insinuation ne me paraîtrait digne ni de vous ni de moi. (Très-bien!) Mais quand le comité catholique de Paris est, sinon menacé dans son existence, du moins momentanément entravé dans sa marche, après avoir été le témoin de ses intentions, de ses loyaux et généreux efforts, j'ai à cœur, après avoir toujours rencontré parmi les vaillants chrétiens qui le composent ces sentiments qui élèvent les âmes et ces grands exemples qui les fortifient, j'ai à cœur, dis-je, de venir ici remplir deux devoirs : le premier, celui de revendiquer comme un honneur ma part dans la responsabilité commune ; le second, celui de rendre à l'œuvre, dont le comité catholique de Paris fut la première assise, l'hommage qui lui est dû et la justice que les hommes de foi et de cœur ne lui refuseront jamais. (Très-bien ! très-bien !) Donc, messieurs, sans nous décourager de l'avenir, parlons des comités catholiques, de la grandeur de cette œuvre et de son opportunité.

I

C'est souvent la destinée des œuvres catholiques qu'elles ont des commencements laborieux et diffi- ciles. Combattues par ceux dont elles traversent les desseins, elles ne sont pas toujours comprises par ceux dont au fond elles servent la cause. Elles n'ont pas à subir seulement les attaques de leurs adver- saires, elles rencontrent aussi des contradictions plus proches dans des rangs presque alliés.

Il en est ainsi pour nos chers comités catholiques.

N'entendez-vous pas d'abord les clameurs de nos adversaires ? Quoi ! s'écrient-ils avec un étonnement simulé et une colère très-réelle, vous vous croyez encore vivants et vous ne comprenez pas que l'esprit du siècle est contre vous ! Vous êtes l'immutabilité ; il est le progrès. Vous êtes la raison soumise à la foi ; il est la raison affranchie de ses vieilles tutelles et marchant, dans la fierté de son indépendance, à la dent lorsque, plutôt que de faillir à son devoir de pontife, il accepta ce duel formidable où l'ascendant de la puissance, le prestige de la force et les séductions du génie vinrent échouer contre la résistance morale d'un vieillard désarmé ? (Très-bien !)

Et notre grand Pie IX, quand sa douleur a éclaté hier encore dans ces magnifiques accents que la terre vient d'entendre et que le ciel a recueillis, peut-il y avoir un catholique qui n'en ait ressenti une émotion respectueuse et profonde ? Dira-t-on à ce saint pontife, à cet intrépide défenseur des droits de l'Eglise, qu'il n'est qu'un imprudent ? (Applaudissements prolongés.)

Non, messieurs, et laissez-moi au contraire pousser vers lui un cri qui à cette heure monte à mon cœur, après avoir traversé les vôtres ; laissez-moi lui dire en votre nom et au mien : « Très-saint Père, votre foi « est notre foi ! Vos douleurs sont nos douleurs. « Nous n'avons qu'un cœur et qu'une âme pour sym- « pathiser avec vos infortunes. Ceux qui vous ac- « cusent de vouloir armer les bras lorsque vous « faites appel à la dignité des consciences, calom- « nient la magnanimité de votre grand cœur. Ceux « qui nous reprochent de ne pas songer à la patrie « lorsque nous faisons écho à votre parole, calom- « nient nos sentiments de Français. Nous savons les « devoirs qui nous sont commandés par la situation « de nos pays et nous les respecterons toujours ; « mais nous plaignons ceux qui, en entendant votre « voix, pourraient rester indifférents au spectacle « de ce qu'il y a dans ce monde de plus grand et « de plus beau : la justice aux prises avec le mal- « heur et supérieure à toutes les épreuves ! » — (Salves d'applaudissements.)

Ce sont là, sans doute, des exemples bien disproportionnés à l'humilité de nos efforts. Mais si, selon la différence des situations, il y a des degrés divers dans le devoir, le fond de l'obligation est identique pour tous. A notre rang de soldats et dans la sphère restreinte de notre modeste action, nous devons apporter à l'œuvre commune notre part de labeur et de dévouement. Vous l'avez compris, messieurs, et voilà pourquoi vous êtes ici.

Vous n'êtes pas de ces téméraires qui recherchent la gloire de braver le péril, en courant le risque de le faire naître ; vous êtes de ces vigilants qui poussent le cri d'alarme pendant que les remparts tiennent encore, et pour que la place ne soit pas emportée par surprise.

Vous n'attaquez pas, comme on vous en accuse, les conditions contingentes de notre société actuelle ; vous défendez les principes qui sont la base nécessaire de toute société humaine.

Vous ne faites pas de politique ; non pas que vous la dédaignez et que rien de ce qui touche à notre pays puisse jamais vous être indifférent ; mais ici, comme dans les comités catholiques, vous êtes les serviteurs d'une cause plus haute. Vous vous réunissez pour travailler ensemble à glorifier Dieu, à défendre l'Église et à faire du bien à vos frères, en vous en faisant à vous-mêmes, sachant d'ailleurs que vous coopérez ainsi au relèvement social de notre pays.

Vous n'avez pas un programme public et un programme secret ; ce que vous êtes vous le dites, ce que vous faites vous le montrez à ciel ouvert, sans porter de masque et sans arborer de fausses enseignes. La doctrine catholique apostolique et romaine, voilà notre foi ! La croix de Jésus-Christ, voilà notre emblème! (Vifs assentiments.) L'amour de Dieu et de nos frères, voilà notre force. Le relèvement de l'Église et de la France dans la continuation de cette solidarité providentielle qui fut souvent la défense humaine de l'une et qui fut toujours la gloire immortelle de l'autre, voilà notre but ! (Très-bien, très-bien.) Qu'on nous appelle après cela des cléricaux, si l'on veut ! Des cléricaux, soit, si ce mot veut dire que le sentiment catholique et le sentiment français vibrent à l'unisson dans nos âmes !

L'an dernier, mon très-cher et très-vaillant ami Keller vous parla avec cette éloquence pénétrante, cette élévation convaincue et cette émotion communicative dont il a le secret (Très-bien !) des œuvres qui doivent solliciter spécialement le zèle des comités catholiques. Je me garderai de revenir, après lui, sur un sujet qu'il a épuisé. Je voudrais aujourd'hui caractériser l'esprit général de cette œuvre de défense religieuse et de défense sociale, et montrer qu'à ce double titre elle répond très-particulièrement aux nécessités de notre temps.

II

Je dis d'abord, messieurs, que les comités catholiques sont une œuvre de défense religieuse.

Vous connaissez le mot célèbre de Pascal sur l'homme : « Si on l'abaisse, je le vante; si on le vante, je l'abaisse. » Eh bien, ne vous semble-t-il pas que ce mot, si profond et si vrai, s'applique merveilleusement à notre temps ?

Sorti du XVIIIe siècle et de la Révolution, notre temps s'est doublement ressenti de cette double origine; et pourtant pourrions-nous méconnaître sans injustice le bien immense qu'il a fait et les espoirs qu'il autorise?

Je ne vous parlerai pas des progrès matériels qu'il a su réaliser dans de très-vastes proportions et avec une merveilleuse rapidité. Je ne vous montrerai pas les forces de la nature domptées et assouplies, l'industrie multipliant ses productions, la science centuplant par de puissantes et ingénieuses applications les énergies propres de l'homme, et mettant presque à sa merci, dans une certaine mesure, le temps, l'espace, les éléments eux-mêmes. Ces progrès, l'Église les bénit cependant, parce qu'ils sont le triomphe de l'intelligence sur la matière, et que, selon une délicate pensée, ils peuvent servir Dieu à leur manière, en même temps que les sciences d'où ils procèdent attestent sa grandeur et prouvent son existence.

Mais ceci n'entre pas dans mon sujet, et notre siècle se recommande d'ailleurs par des œuvres d'un autre ordre.

Des écrivains de génie y ont préparé le réveil de la vérité; la philosophie chrétienne a été illustrée par des interprètes dignes d'elle; l'histoire, renonçant à ces procédés de dénigrement qui avaient été la honte de l'école voltairienne, a remis dans leur éclat tout ce qu'il y avait eu d'héroïsme, de science, d'art, de vertu, de vie intense et féconde dans les âges de grande foi catholique. La poésie a su trouver des inspirations d'une sublime beauté pour exprimer tour à tour les gémissements des âmes vides de foi et ce besoin d'infini qui est le glorieux tourment de

la nature humaine et comme l'instinct sublime de
son immortalité. (Bravos.) La science elle-même,
affranchie de la tyrannie des préjugés irréligieux, a
fouetté les entrailles de la terre pour y surprendre
le secret des mondes évanouis ; elle a scruté les sym-
boles, les mythes, les traditions des sociétés an-
ciennes ; elle a interrogé les monuments et les ruines,
elle a déchiffré des inscriptions que le temps y avait
respectées. Ses découvertes sont venues faire cor-
tége à la vérité révélée, et des faits vengeurs ont at-
testé et confirmé par les plus irrécusables témoi-
gnages les récits de nos livres saints.

En même temps, fortifiée par ses défaites presque
autant que par ses victoires, rehaussant la distinc-
tion de ses lumières et de ses vertus par la distinc-
tion suprême d'une pauvreté noblement portée, l'É-
glise s'est montrée aussi puissante que jamais par
l'abnégation et par la science. Ses chaires longtemps
délaissées ont retrouvé de grandes voix et des audi-
toires fidèles. Les ordres religieux ont refleuri, dans
leur admirable diversité et avec la séve de leurs
meilleurs jours, fournissant des apôtres à l'Église
et des martyrs à la patrie, et prouvant par leur indestructible vitalité, au monde étonné de leur renais-
sance, que, selon un mot célèbre, « comme les
chênes, » les moines sont éternels. (Applaudissements.)

La religion a repris son empire dans des milieux
qui semblaient lui avoir échappé. Des lois bienfai-
santes, réclamées par l'honnêteté du sentiment
public, ont consacré la liberté de l'enseignement
chrétien.

Avec la foi, la charité, son éternelle compagne, a
suscité des œuvres qui témoignent de son inépui-

sable fécondité. Notre chère Société de Saint-Vincent de Paul, la première toujours dans nos respects et nos affections, a glorieusement ouvert la marche ; les œuvres de prière, d'enseignement et de patronage, les cercles catholiques d'étudiants, de commis et d'ouvriers sont entrés dans la voie avec une généreuse émulation. Et le mouvement n'est pas arrêté, Dieu merci ! il s'affermit et se propage ! Et vous-mêmes, messieurs, qui, de tous les coins du pays, vous êtes réunis ici dans un même sentiment de concorde fraternelle entre vous, d'amour filial pour Dieu et pour sa sainte Église, ne proclamez-vous pas, par votre seule présence, que la France catholique s'est levée vivante du cercueil où croyait l'avoir ensevelie l'incrédulité méprisante du dernier siècle, et que la libre-pensée, quoi qu'elle dise, n'aura pas facilement raison d'elle ? (Très-bien ! très-bien !)

Donc, rendons justice à notre temps et n'en désespérons pas. Un siècle qui a été inauguré par le Concordat et qui portera cette double couronne de la définition de l'Immaculée-Conception et de l'infaillibilité de la chaire de Pierre, un siècle qui a produit, pour la défense de l'Eglise, de ses doctrines et de ses droits, des pontifes et des religieux, des philosophes et des savants, des écrivains et des orateurs comme ceux dont je n'ai pas besoin de rappeler les noms pour que votre reconnaissance évoque et salue leurs nobles mémoires ; un siècle qui a été admirablement fécond en œuvres de foi et de charité, un siècle surtout qui a été illustré par le pontificat de Pie IX et qui apparaît devant Dieu, comme il se présentera devant la postérité, avec la magnifique irradiation de cette grande figure, ce siècle-là ne peut être condamné ; et, malgré le flot montant de l'impiété révolutionnaire, le découragement serait plus qu'une faiblesse ; il serait une ingratitude envers la Providence. (Applaudissements.)

Voilà le bien, messieurs ; mais, hélas ! voici le mal.

Le mal est complexe ; et les limites d'un discours ne me permettent d'en dire ni toutes les variétés, ni tous les aspects. Je le prends par son côté le plus grave et le plus douloureux, et je vous dénonce ces doctrines de négation désespérée et de destruction radicale qui, non contentes de mettre en péril tout ordre politique quel qu'il soit, s'attaquent aussi à l'ordre moral et à l'ordre social, et finalement à Dieu lui-même qui est le sommet de l'un et le fondement de l'autre. Elles se déguisent sous le nom de libre pensée, et c'est une nouvelle preuve de la perversion des mots dans le temps où nous sommes. En réalité, la pensée chrétienne est seule une pensée libre, parce qu'elle trouve dans sa soumission à la vérité divine le principe et la garantie de son affranchissement. Quoi qu'il en soit, je prends le mot dont la négation matérialiste se couvre ; je vais au fond des choses sans contester sur l'enseigne.

Je parlerai de ces doctrines avec tristesse ; mais j'en parlerai avec une sincérité absolue. En présence du péril auquel elles exposent nos croyances les plus chères, l'atténuation du mal serait une trahison de la vérité.

J'ai pourtant deux réserves préalables à faire. Il est des hommes qui, sans accepter nos dogmes, se tiennent près de leurs frontières sur les hauteurs d'un spiritualisme semi-chrétien ; en regrettant l'impuissance à laquelle ils se condamnent par cette halte à moitié chemin de la vérité, je ne les co fonds pas avec les sophistes qui s'attaquent à tout et ne respectent rien. En outre, et parmi ceux qui ne reculent pas devant la révolte totale, il en est dont le cœur vaut souvent mieux que l'esprit et qui restent attachés par leurs sentiments à des devoirs dont ils sapent spéculativement laj base. Je n'attaque donc pas les personnes et leurs intentions; je constate les doctrines, et j'use de mon droit de discussion en montrant leurs conséquences.

Cela dit, messieurs, je recherche, au point de vue religieux, la portée des desseins de la libre-pensée.

Voilà d'abord l'Église catholique; elle a fait la France; elle a en quelque sorte pétri son caractère national; elle lui a donné tout ce qu'il y a de généreux dans son courage, de magnanime dans son dévouement, de noble et d'élevé dans ses mœurs, de moralement grand dans ses lois, de hautement inspiré dans son génie. Quand une religion a eu une si grande part dans la vie d'un peuple, quand elle est entrée à ce degré dans son histoire et dans son âme, n'a-t-elle pas droit au moins au respect et à la liberté ?

Eh bien! n'est-il pas vrai que la libre-pensée voudrait refuser à l'Église cette liberté et ce respect? N'est-il pas vrai qu'elle affiche ouvertement et publiquement la prétention de chasser l'Église des foyers, des écoles, des ateliers, de la vie sociale tout entière, de lui disputer même son action sur ce terrain de la charité où elle semblait avoir conquis, par dix-huit siècles de bienfaits, une place désormais inviolable, de ne lui laisser que ses temples et encore à titre provisoire, jusqu'au jour où elle se croira assez forte pour les fermer ? Est-ce que ces desseins d'oppression ne s'étalent pas chaque jour avec une audace qui ne connaît plus de bornes? Le dix-huitième siècle a reparu, messieurs, avec le même caractère de mépris et de haine, de cynisme et de violence, les mêmes procédés de falsification de l'histoire, la même rage de destruction et d'impiété. Et vraiment je crains de calomnier le dix-huitième siècle par cette assimilation. Il n'allait pas, lui, jusqu'à l'extrémité de la négation ; nos révolutionnaires le dépassent. Il se croyait tenu d'avoir de l'esprit ; nos modernes démolisseurs s'en dispensent. (Très-bien! — Rires ironiques.) Il est vrai qu'ils y suppléent par de gros mots.

La libre-pensée ne s'arrête pas là. Quand elle se trouve devant la divine figure du Christ, elle devrait au moins saluer en elle l'humanité transformée et transfigurée, soustraite à la servitude antique, entrant dans une ère de liberté et de paix, de progrès moral et de charité. Elle a pour le Christ la même haine que pour son œuvre ; elle jette à la face du Dieu crucifié des outrages qui épouvantent la conscience et étonnent le blasphème.

Et ce n'est pas encore assez. Jusqu'ici, jamais, en aucun temps, chez aucun peuple, n'avait surgi la pensée de contester à Dieu sa place nécessaire à la base et au faîte de toute société, grande ou petite. Dieu seul, en effet, a des droits absolus. Il est créateur et conservateur ; il est souverain et il est providence. Cette frêle créature qui s'appelle l'homme, n'a en propre que des devoirs. Elle n'a d'autres droits que ceux qu'elle tient de Dieu ; comment pourrait-elle en avoir contre lui? « Elle ne peut pas « plus, à travers les vicissitudes de sa destinée, se « soustraire à la puissance de Dieu que la goutte

« d'eau ne peut, à travers ses ondulations inces-
« santes, échapper à la domination de l'Océan (1). »
(Très-bien ! très-bien!)

C'est le sens de ce grand mot : « L'homme s'agite
et Dieu le mène. » Oui, l'homme s'agite, il sert la
vérité ou il la trahit; il poursuit le bien ou il s'en
écarte; il s'élève ou il s'abaisse ; il monte à de su-
blimes hauteurs ou il descend à de nombreuses
dégradations; il fait de ce grand don de la liberté
qu'il tient de Dieu un usage bienfaisant ou fatal.
Mais c'est Dieu qui, à son heure et selon ses grands
desseins, lui ouvre ou lui ferme la carrière; il est le
juge de l'honneur et de la honte, comme il est le
maître de la vie et de la mort. (Très-bien! très-
bien!)

Dieu maître de l'homme, l'homme soumis à Dieu,
voilà la vérité universelle et perpétuelle devant laquelle toutes les sociétés se sont inclinées et sur
laquelle elles se sont fondées. Les sociétés païennes,
tout en défigurant l'idée de la Divinité, la faisaient
planer au-dessus de tous les actes de leur existence
nationale. Avec le christianisme, Dieu eut une place
prépondérante et respectée dans la vie sociale et
dans la vie domestique. L'Europe chrétienne avait,
au plus haut degré, le sentiment d'un droit résidant
en Dieu et supérieur à tout pouvoir humain, et elle y
joignait la croyance à une étroite solidarité entre
tous les peuples régénérés par le sang de Jésus-
Christ. C'était là la grande charte de nos âges de
foi : l'histoire a démontré qu'elle pouvait suppléer à
beaucoup d'autres et elle est en train de prouver
qu'aucune ne peut se passer de celle-là. (Très-bien!)

(1) Le P. de Ravignan.

La libre-pensée, messieurs, entend retourner tout
cela. Les droits de Dieu ne sont, à ses yeux, qu'un
système de théologie oppressive. Mais Dieu sans
droits, quelle monstruosité! C'est la contradiction
dans les termes ; on ne peut y échapper que par la
négation de Dieu lui-même. Aujourd'hui, la libre-
pensée en est là. De l'athéisme légal à l'athéisme
doctrinal, il n'y avait qu'un pas. Ce pas, elle l'a
franchi, et elle s'est posée en ennemie directe du
créateur du ciel et de la terre.

Et comme pour aider à ce travail de destruction
révolutionnaire, après deux mille ans, les sophistes
sont revenus. Ils affirment qu'il n'y a rien de vrai
ni de faux, rien de juste ni d'injuste ; que Dieu n'est
qu'une conception métaphysique à la laquelle rien ne
correspond dans la réalité des choses, que les êtres
vivants sont les produits combinés de la génération
spontanée et de la transformation des espèces, que
l'homme est jusqu'ici le terme le plus élevé de cette
transformation, et que c'est assez pour sa gloire
d'être un singe perfectionné. (Sourires ironiques.) Ils
affirment que les morales à principes immuables et
à sanctions éternelles ont fait leur temps, que
l'heure est venue pour l'homme de s'affranchir de
sots préjugés et de vaines frayeurs, et qu'il n'a
d'autre loi que celle qu'il se fait à lui-même, d'autre
responsabilité que celle dont la vie présente est le
théâtre, d'autre avenir définitif que le néant.

Je sais bien que ces doctrines, dans leur effrayante
crudité, ne sont acceptées et propagées que par d'in-
fimes minorités.

Qu'on y prenne garde cependant. Dans les temps
troublés les plus audacieux peuvent avoir leur jour
de succès. Ils restent longtemps la minorité, mais

une minorité active, remuante, emportée, capable de tout, ne reculant devant rien, et il arrive une heure où elle entraîne fatalement le reste du corps social par la seule impulsion de son mouvement. Il est vrai que son triomphe est passager, et que le dernier mot reste tôt ou tard à Dieu et à sa cause. Seulement, il suffit d'un jour pour amasser bien des ruines, et il faut souvent plus d'un siècle pour les réparer. (Très-bien ! très-bien !)

Livrerons-nous, messieurs, à la libre pensée, sans opposer à ses desseins une résistance pacifique, mais résolue, la dignité de notre foi, la liberté de nos âmes, la grandeur morale de notre pays, l'honneur même de notre civilisation? Voilà la question qui se pose devant nous et devant tous.

Elle ne pouvait nous trouver inertes et indifférents. Nous appartenons à une Église qui ne s'est jamais tue quand la vérité dont elle est dépositaire a été mise en question. Elle a toujours et à tout risque confessé son maître, affirmé son origine, proclamé ses titres, maintenu son autorité. Elle a pu être opprimée; elle n'a jamais voulu échapper au danger par le silence, et elle a toujours préparé, par sa protestation de la veille, sa victoire du lendemain. (Sensation prolongée.)

Eh bien ! nous ne serons pas les fils dégénérés de cette Église vaillante et indomptable ; nous sentirons passer dans nos cœurs quelque chose de son intrépidité et de sa foi. Nous résisterons pied à pied, jour par jour, heure par heure, opposant partout et devant tous l'hommage à l'insulte, le courage à l'audace, la fidélité inébranlable à la révolte obstinée, l'affirmation qui ne . enrien . la négation qui menace tout. (Adhés . . . ime.)

On conteste à Dieu ses éternels attributs. Nous l'adorerons comme notre créateur, nous le servirons comme notre maître, nous l'aimerons comme notre père, et, en propageant les œuvres de prière, nous confesserons, dans la langue des faibles, qu'il est tout et que nous ne sommes rien que par lui. (Très-bien ! très-bien !)

On dispute à Dieu l'inviolabilité de son saint jour ; on veut le lui arracher au profit de l'orgie du lendemain et au détriment de l'âme du peuple ; nous défendrons les droits de Dieu et la dignité du peuple, et nous propagerons l'œuvre du dimanche pour concourir à effacer du front de la France chrétienne la tache que le mépris public de la loi éternelle y a imprimée. (Applaudissements.)

On outrage Notre-Seigneur Jésus-Christ ; on méconnaît, en niant sa divinité, le grand acte de la rédemption, qui est comme le centre divin où viennent converger les deux grands versants de l'histoire du monde. Nous ferons de la croix le drapeau de notre foi ; nous verserons nos prières dans les plaies du sacré Cœur de Jésus, pour qu'elles en sortent embaumées d'un parfum de miséricorde ; nous multiplierons les œuvres d'adoration du très-saint Sacrement, et nous nous efforcerons ainsi de faire le contre-poids des profanations qui bravent la puissance du divin Maitre et qui semblent répudier son amour. (Assentiment unanime.)

Enfin, cette Eglise catholique, si maternellement douce dans sa majesté, si prodigieusement divine de charité dans son expansion, dont chaque acte est un bienfait, dont chaque institution est un témoignage de sollicitude et de tendresse, qui n'apporte à la terre que des paroles de paix, de concorde et d'espérance, on en fait une dominatrice implacable, qui veut asservir la raison et la conscience sous un joug humiliant. Nous déposerons à ses pieds l'adhésion pleine, entière de notre foi et l'hommage de notre obéissance ; oui, qu'on l'entende bien, de notre obéissance ; ce mot plaît à notre fierté de chrétiens. Aussi bien obéir à ce qui vient de Dieu c'est la vraie condition pour garder sa dignité et sa liberté devant les hommes. (Applaudissements.)

En un mot, pour répondre à des clameurs qui s'attaquent à tout, à la raison comme à la révélation, à l'âme comme à Dieu, à la société comme à l'Eglise, au *Syllabus* de Pie IX comme à l'Evangile du Christ, nous formerons dans nos comités catholiques un bataillon d'avant-garde autour de la vérité, et de toutes nos poitrines partira ce grand cri qui résume la foi et le devoir du chrétien : Je crois, j'aime et je sers. (Bravos prolongés.)

Voilà, messieurs, pourquoi et comment les comités catholiques sont une œuvre de défense religieuse.

III

Les comités catholiques sont aussi une œuvre de défense sociale.

En vérité, cette seconde proposition n'est, si je puis ainsi dire, qu'un pléonasme de la première. En soi la religion et la société sont tellement identiques que les comités catholiques sont nécessairement une œuvre de défense sociale par cela seul qu'ils sont une œuvre de défense religieuse.

Singulière prétention ! nous disent nos adversaires.

Vous vous trompez d'heure et vous n'avez pas le
sens des transformations qui se sont accomplies.
Vous étiez identiques à la vieille société ; vous êtes,
non pas peut-être par tous vos sentiments, mais au
moins par le fond de vos principes, antipathiques à
la société nouvelle et incompatibles avec elle. — Et
ceux qui parlent ainsi, ce ne sont pas seulement les
enfants perdus de la libre-pensée, ceux qu'au besoin
on désavoue après les avoir lancés. Ce sont les
hommes importants du parti, ceux dont la parole a
sinon de l'autorité, du moins un retentissement
bruyant et prolongé.

Il y a là, messieurs, un sophisme qui tient à une
confusion. Que la doctrine catholique soit contra-
dictoire avec les négations de la libre-pensée et radi-
calement incompatible avec elles, cela est absolument
vrai, et nous le proclamons. Mais que notre France
moderne appartienne à la libre-pensée, cela est
impossible, et nous protestons. La vérité, c'est que
le christianisme est nécessaire à la France et que la
libre-pensée lui est fatale ; la vérité, c'est que nous
vivons de ce que nous avons gardé du christianisme,
et que nous souffrons de ce que la libre-pensée
nous en fait perdre. (Très-bien ! très-bien !)

Non, mille fois non, bien que les circonstances
paraissent quelquefois vous porter, bien que vous
trouviez souvent des complicités inconscientes dans
nos faiblesses et dans nos malheureuses divisions,
libres-penseurs, vous n'êtes pas la France. La passion égarée du pays peut paraître quelquefois se
mettre à votre suite : la conscience vous repousse, et
vous le savez bien. (Oui ! oui ! Très-bien !)

Voyez ces églises qui se construisent, ces œuvres
chrétiennes qui se propagent, ces écoles chrétiennes

qui se multiplient, ces colléges chrétiens où l'espace manque aux élèves que les familles leur confient, ces universités catholiques 'qui se fondent et dont les premiers succès font présager le grand avenir! Voyez cette admirable floraison de congrégations charitables, qui semble nous reporter aux époques où l'ardeur de la foi enfantait des miracles d'amour! Voyez partout, dans nos villes et dans nos campagnes, nos églises remplies d'adorateurs! Voyez ceux-là même qui ont cru pouvoir se passer de la religion dans la vie réclamer sa bénédiction suprême pour mourir! Voyez, je vous les dénonce, plusieurs de vos alliés qui, en paraissant seconder votre action publique, confient à nos maîtres leurs enfants, qu'ils se garderaient de mettre entre les mains des vôtres! (Très-bien! très-bien!) Et prenez garde à vous-mêmes, si jamais vous fondiez des universités libres-penseuses, vous seriez capables, je le dis à l'honneur de vos sentiments de pères de famille, de ne pas vouloir pour vos enfants de l'enseignement que vos maîtres y donneraient. (Applaudissements unanimes.)

Et à côté de ces manifestations solennelles, incessantes, universelles de la conscience nationale, que pèsent dans ces applaudissements faciles que vous obtenez dans quelques réunions de rencontre pour des paroles enflammées, cette vogue de vos journaux dans des milieux prédisposés à la passion, ces quelques enterrements civils dont vous étalez bruyamment le scandale sous les yeux des populations tristement étonnées?

Que vous voyiez un péril, un grand péril pour la France, que vous troubliez les esprits, que vous souleviez ces instincts de révolte qui subsistent toujours

dans quelque coin des âmes contre la vérité et contre
le bien, je n'en disconviens pas et je m'en alarme.
Mais que la France soit à vous, qu'elle ait cessé
d'être par sa foi et son cœur, par ses pensées et par
ses sentiments, par ses traditions et par ses espé-
rances, la France du Christ et la fille aînée de son
Église; je proteste, et tout ce que ce sacrifice chrétien fait sortir chaque jour des veines fécondes de
notre pays proteste plus haut mille fois que mon
impuissante parole. (Applaudissements.)

Et pourquoi, messieurs, la France moderne re-
douterait-elle l'action de l'Église? Est-ce que l'É-
glise est d'hier? Est-ce qu'elle n'a pas une histoire?
Est-ce que cette histoire ne dit pas de quoi l'Église
est capable pour fonder les sociétés et pour les faire
grandir dans la paix et dans l'honneur?

Vous avez besoin d'ordre; est-ce que vous pouvez
vous passer, pour fonder un ordre durable, des
vérités éternelles dont l'Eglise garde le dépôt? Vous
aspirez à la liberté ; est-ce que la liberté, qui n'est
après tout qu'une diminution de coaction légale,
n'exige pas un accroissement correspondant de frein
moral volontairement accepté? (Très-bien! très-
bien.) Et ne puis-je pas répéter ici cette grande parole de M. de Tocqueville, dont je ne me rappelle pas
le texte, mais dont je reproduis le sens : Quand un
peuple veut être libre, il faut qu'il croie, et s'il ne
veut pas croire, il faut qu'il serve? (Très bien ! —
C'est vrai.)

Vous appelez de vos vœux la paix sociale entre
les citoyens ; pour lui donner des assises solides, il
y faut l'union des cœurs, la cessation des antago-
nismes, le réveil de cette charité fraternelle qui
remplace par la généreuse réciprocité des devoirs

et des dévouements la lutte implacable des égoïsmes cantonnés dans leurs droits respectifs. Ah! croyez-le, les théories humanitaires et les systèmes socialistes n'y peuvent rien : il y faut quelques gouttes du sang de Jésus-Christ ; il y faut l'action maternelle et fécondante de l'Église. Elle a seule la persuasion qui fait accepter la mutualité des devoirs, le baume qui guérit les blessures, l'onction qui éveille la tendresse, les perspectives qui fortifient le courage et qui consolent de l'épreuve. Vous avez besoin d'elle pour cette œuvre, et vous ne la remplacerez pas

Quel est donc le progrès utile que l'Église réprouve? Quel est le grand intérêt social qu'elle ne favorise pas? Quelle est la vérité sociale qu'elle ne proclame pas? Quelle est l'oppression sociale, venant d'en haut ou d'en bas, qu'elle ne condamne pas?

Elle est inflexible sur les principes ; gardienne du dépôt, elle en maintient l'intégrité. Mais, de même qu'en Dieu la miséricorde ne se sépare jamais de la justice, dans l'Église la condescendance sur le terrain des faits se concilie toujours avec la défense rigoureuse de la doctrine. Elle ne permet pas à l'erreur d'usurper le nom de droits; elle ne se refuse pas aux tolérances que la disposition des esprits et l'état particulier des sociétés peuvent rendre nécessaires ou utiles.

Donc, assez de ces déclarations usées qui transforment les catholiques français en ennemis de leur temps, poursuivant je ne sais quelle pensée de destruction de la société actuelle. Cela n'est pas sérieux; nous n'attaquons pas la France moderne, nous défendons la France chrétienne; nous n'attaquons pas les libertés des autres, nous défendons les nôtres.

Nous ne marchons pas à l'assaut de la société; nous défendons ses fondations nécessaires. Nous sommes respectueusement soumis aux lois de notre pays; elles n'exigent pas de nous que nous livrions quoi que ce soit de l'honneur de notre foi et de l'intégrité de nos doctrines. A cela nous ne consentirons jamais. (Très-bien! très-bien!)

Voilà qui nous sommes. Et vous, libres penseurs, qui êtes-vous? Nous avons bien le droit de demander des comptes à notre tour à cette libre-pensée qui vient nous déclarer avec tant d'arrogance que le pays est las de nous et n'aspire qu'aux douceurs du sort qu'elle lui destine.

Quels gages nous offre-t-elle? Quelle nation a-t-elle créée? Quelle civilisation a-t-elle suscitée? Elle est vieille comme la négation, si le nom qu'elle se donne est nouveau. Eh bien! quel jour, sous quelle latitude lui a-t-il été donné de façonner une société et de la mettre en possession des biens qu'elle nous promet?

Il y a eu dans le monde des peuples puissants et forts; il y a eu des sociétés vigoureuses et florissantes; il y a eu des civilisations resplendissantes d'éclat; il y a eu des religions diverses, et plusieurs ont défiguré sous d'extravagantes superstitions ce qu'elles conservaient de vérités traditionnelles. Il y a eu tout cela; ce qu'il n'y a jamais eu, c'est une société qui se soit passée de Dieu dans le gouvernement des hommes. (Très-bien!)

Un jour seulement, la libre-pensée trouva l'occasion bonne pour répandre ses doctrines et les faire pénétrer dans l'âme d'un peuple. Au moment où Rome était parvenue au sommet de la puissance, elle subit l'invasion des sophistes avant de subir celle des barbares. Vous savez ce qui arriva. Quand, après avoir tué sous un ridicule mérité les dieux de l'Olympe et les poulets sacrés, les sophistes se furent attaqués aux derniers vestiges de vérité, de moralité et de justice qui subsistaient encore sous la confusion des superstitions idolâtriques ; quand ils eurent fait de la société païenne une société athée et matérialiste, riant de ses dieux, mais riant aussi de la vertu et de la patrie, cette société tomba en décomposition. Les barbares purent venir ; les sophistes leur avaient préparé une société incapable de résister à la conquête et prête à s'effondrer dans la dissolution. (Mouvement prolongé d'approbation.)

Voilà le grand exploit historique de la libre-pensée. Il y aurait de quoi la rendre modeste et il y a de quoi nous rendre défiants. (Très-bien ! très-bien !)

Mais à défaut d'une histoire qui nous encourage, a-t-elle des doctrines qui nous rassurent ?

Ses doctrines, je vous les ai dites. Elle suppriment Dieu, l'âme et l'immortalité ; elles suppriment le secours d'en haut, le sacrifice, l'espérance, comme autant de superfétations dont l'homme n'a que faire ni pour vivre, ni pour mourir. Elles mettent en face de la vie l'homme simplement armé du droit de la nature ; elles ne donnent que l'utile pour base à la morale.

Eh bien ! avec ces doctrines, où est l'autorité de la loi ? Où est la responsabilité du coupable ? Où est la légitimité de la défense sociale ?

Et puis où est encore la source du devoir, la garantie du droit, le recours contre la force, le frein de la convoitise ? Où est la protection des faibles, la sauvegarde contre les égoïsmes puissants des pervers ?

Entre la fatalité qui l'écrase et le néant qui l'attend, que devient la vie humaine? que fait-on de sa dignité et de sa liberté?

Est-ce là le progrès? Non, c'est la décadence dans l'abaissement et la servitude des âmes. (Très-bien! très-bien!)

Heureusement, il y aura toujours, quoi qu'on fasse, un fonds indestructible de foi qui résistera à ces étranges doctrines. L'enfant continuera de joindre ses petites mains, l'homme de se fortifier contre les épreuves de la terre en regardant plus haut qu'elle, le vieillard de se détacher de la vie qui s'éloigne en ployant les genoux devant Dieu qui s'approche. L'humanité veut croire, prier, aimer, se dévouer, aspirer à l'infini. Elle est faite pour cela et elle n'abdiquera pas sa vocation. (Applaudissements.)

Mais supposez un instant que la France renonçât à cette vieille foi qui a passé dans son âme, qui dirige et règle les volontés, dompte les passions, éveille les saintes tendresses, console les infortunés par la charité, suscite les sacrifices en leur montrant la croix et le ciel, c'est alors qu'en présence de l'abîme creusé par cette éclipse de l'action chrétienne, on verrait clairement que, loin de menacer la société, la religion est nécessaire, et qu'en fait nous vivons, je le répète, de ce qui nous reste encore de droit chrétien, d'esprit chrétien, de devoir chrétien, dans nos mœurs comme dans nos lois, dans la vie sociale comme dans la vie de famille. (Assentiment unanime.)

L'œuvre des comités catholiques est donc une œuvre de défense sociale, puisqu'elle est une œuvre de défense religieuse. Nous devons nous sentir fortifiés par cette pensée, qu'en y servant l'Eglise,

nous y servons la France, et que là comme partout
la foi et le patriotisme se rencontrent et s'accordent
dans un but commun. (Très-bien !)

Oui, quand nous travaillons à la propagation des
écoles chrétiennes, quand nous demandons que le
père de famille puisse garder l'âme de son enfant et
ne soit jamais obligé de le livrer à un enseignement
qui inquiète sa foi, quand nous demandons que les
congrégations religieuses continuent à avoir leur
place dans les écoles publiques d'instruction popu-
laire, et qu'il n'y ait pas de parias dans notre société
française, quand nous demandons que la religion ne
soit pas séparée de l'école, que l'enfant, cette petite
créature du bon Dieu, y soit traité avec le respect que
mérite une âme immortelle, et qu'il n'y soit pas
considéré seulement comme un mécanisme ingé-
nieux dont on met en branle les ressorts, quand
nous faisons cela, nous ne stipulons pas seulement
pour la justice, pour la liberté, pour la dignité des
maîtres, des enfants, des familles ; nous ne stipulons pas seulement pour la religion et pour ses
droits ; nous stipulons aussi pour la société et pour
les plus précieux intérêts de son avenir. (Applaudissements.)

Quand tout à l'heure, notre cher, notre respecté,
notre très-excellent maître et ami, M. Baudon, vous
dira les efforts déjà faits et ceux qui se préparent à
Paris, à Lille, à Angers, à Lyon, à Toulouse, pour
fonder des universités catholiques, quand il glori-
fiera les résultats obtenus, quand il nous montrera
la nécessité de ce qui reste à faire, quand il fera
appel, avec l'autorité qui lui appartient, au zèle de
tous, à l'esprit de foi et de sacrifice, il ne songera
pas seulement au grand devoir qui incombe à nos

universités de préserver la jeunesse lettrée par un enseignement qui fortifie ses croyances en élevant son esprit; il songera aussi à cette grande et noble société française qui s'illustra si longtemps par l'accord des lumières et de la foi, et qui ne peut retrouver que dans cet accord sa sécurité, sa force et sa grandeur. (Très-bien! très-bien!)

Quand, dans une séance suivante, un de nos confrères et de mes anciens collègues de l'Assemblée nationale, si hautement autorisé, vous le savez, par sa connaissance élevée des principes économiques et par l'activité féconde de son dévouement (les regards se tournent vers M. Aubry, des Vosges), viendra traiter devant vous ces grandes et délicates questions du travail chrétien et du patronage chrétien dont je vous disais un mot il y a un instant, il n'abordera pas seulement une question d'un haut intérêt pour la religion, il touchera aussi à un problème dont la solution pacifique serait, pour la paix sociale, le plus immense des bienfaits.

Je pourrais ainsi passer en revue toutes les questions qui seront traitées dans notre congrès, et vous verriez qu'il n'en est aucune où l'intérêt religieux et l'intérêt social ne se trouvent réunis jusqu'à se confondre.

IV

J'ai essayé de vous montrer, messieurs, je ne dirai pas la grandeur de nos efforts, vous ne me pardonneriez pas de parler ici de nous-mêmes autrement qu'avec la modestie d'une bonne volonté qui aspire plus haut qu'elle n'atteint, mais du moins la grandeur de notre œuvre.

A vous donc qui faites partie des comités catholiques, je dirai : Courage et persévérance ! L'œuvre est digne de votre zèle, et ce n'est pas l'heure de regarder aux difficultés lorsque les périls qui s'aggravent rendent la lutte plus nécessaire.

A ceux qui se tiennent en dehors et qui se bornent à nous encourager par des sympathies un peu platoniques, je me permettrai de dire : Venez à nous.

Que des comités catholiques s'établissent partout où il n'en existe pas encore ! Que ceux qui fonctionnent voient grossir le nombre de leurs adhérents ! Il y a des autorisations légalement nécessaires ; qu'on les demande. Est-ce qu'on peut nous les refuser ? Est-ce que les catholiques n'obtiendraient pas, sur cette terre de France, la faculté de se réunir paisiblement pour défendre leur foi et faire du bien à leurs frères ? Cela est impossible, et, malgré le coup inattendu qui vient de nous atteindre, j'ose espérer que cela ne sera pas. (Très-vive adhésion.)

Nos adversaires cherchent à former une opinion publique anticatholique, formons une opinion publique catholique. Que si, sur un point quelconque de la France, la liberté religieuse venait à être atteinte ou le droit compromis, cette opinion soit là, prête à se montrer, calme dans ses revendications, respectueuse de la loi, mais unanime dans ses sentiments et ferme dans leur expression. Il y aura là une force morale qui ne menacera rien et qui défendra ce qui ne doit jamais être livré. (Très-bien ! très-bien !)

Quoi donc ! lorsque tout nous sollicite à cette union, l'ardeur de nos adversaires, leurs desseins avoués, les propositions qu'ils produisent, les programmes qu'ils réservent, est-ce que nous rencontrerions des obstacles en nous-mêmes? Non, messieurs, des obstacles venant de nous, il ne peut pas y en avoir; il n'y en a plus. Les controverses sont finies, les discussions sont vidées. Quand Rome a parlé, il n'y a place dans les cœurs que pour le concert de tous les dévouements dans l'unité de la même foi. (Très-bien! très-bien! — Applaudissements.)

Donc, de l'union, messieurs; je voudrais que ma parole eût à cette heure l'autorité qui lui manque et que cet appel fît naître chez tous les catholiques la généreuse résolution de former une phalange serrée autour des saines libertés de notre foi.

De l'union pour défendre l'honneur de nos doctrines.

De l'union aussi pour aller à ceux qu'on égare, pour les toucher, les convaincre, les ramener dans l'intérieur du Temple et leur montrer la splendeur de ce qu'ils méconnaissent et le faux prestige de ce qu'ils préfèrent.

De l'union enfin pour mériter par nos œuvres que Dieu nous protége et nous sauve. (Très-vif assentiment.)

Il y a dans nos livres sacrés une image que je me rappelle avoir retrouvée, il y a quelques années, précisément dans un discours du congrès catholique. Je veux en terminant vous en faire admirer la grandeur, en profitant avec vous de la leçon qu'elle renferme et qui semble faite pour notre temps.

Des anges sont représentés portant devant Dieu, les uns des coupes de colère, les autres des encensoirs d'or. Les coupes de colère sont pleines des iniquités humaines ; et quand elles débordent, les calamités et les ruines se répandent sur la terre. Les encensoirs d'or recueillent, comme autant de parfums, les prières et les œuvres agréables à Dieu ; et quand ces parfums s'exhalent en abondance, la justice fait place à l'amour et le Ciel envoie à la terre un baiser de réconciliation et de paix.

Nous sommes à une heure, messieurs, où les coupes de colère se remplissent : unissons nos prières, nos efforts et nos œuvres pour remplir les encensoirs d'or. Et si Dieu nous destine à l'épreuve, unissons-nous encore pour qu'elle nous trouve debout, affirmant notre foi et proclamant ses droits. C'est ainsi que l'avenir se préserve et qu'en tout cas l'honneur se sauve. (Acclamations unanimes et prolongées. — Double salve d'applaudissements.)

BIBLIOTHÈQUE A 25 CENTIMES

PRIX franco : 35 cent.

1. LES LIBERTÉS POPULAIRES AU MOYEN AGE, par EDMOND DEMOLINS.
2. LE MASSACRE DES OTAGES EN 1871, par URBAIN GUÉRIN.
3. LES ASSOCIATIONS OUVRIÈRES, par XAVIER ROUX.
4. JEANNE D'ARC, par MARIUS SEPET.
5. HISTOIRE DE LA RÉVOLUTION. — *I. Assemblée Constituante*, par EMMANUEL DE SAINT-ALBIN.
6. — TOME II. *Assemblée législative et la Convention jusqu'à la mort de Louis XVI.*
7. — TOME III *en préparation.*
8. LES MOINES, par le comte DE MONTALEMBERT.
9. L'INSTRUCTION PRIMAIRE AVANT LA RÉVOLUTION, par E. ALLAIN.
10. GARIBALDI EN FRANCE, par A. VUILLETET.
11. LES SOCIÉTÉS SECRÈTES, par CLAUDIO JANNET.
12. HISTOIRE DES CORPORATIONS OUVRIÈRES, par LÉON GAUTIER.
13. MARIE-ANTOINETTE, par MAXIME DE LA ROCHETERIE.
14. HISTOIRE D'UNE COMMUNE, par L. GOSSIN.
15. HISTOIRE DE LA CHARITÉ, par LÉON GAUTIER.
16. LES ENTERREMENTS CIVILS, par L. ROUX et A. DE CLAYE.

Paris. Imprimerie JULES LE CLERE et Cie, rue Cassette, 29.

www.ingramcontent.com/pod-product-compliance
Lightning Source LLC
Chambersburg PA
CBHW061713060726
47597CB00006B/2338